DANIEL SCHÁVELZON

•

LÍTICA HISTÓRICA

La piedra en Buenos Aires en los siglos XVI al XX, usos y tecnologías

Daniel Schávelzon

•

Lítica histórica

La piedra en Buenos Aires en los siglos XVI al XX, usos y tecnologías

Primera edición, 2013

Schávelzon, Daniel
Lítica histórica : la piedra en Buenos Aires en los siglos XVI al XX, usos y tecnologías . - 1a ed. - Buenos Aires : Aspha, 2013.
112 p. : il. ; 21x15 cm.

ISBN 978-987-28832-2-5

1. Arqueología. I. Título
CDD 930.1

Fecha de catalogación: 08/03/2013

Diseño y diagramación: Odlanyer Hernández de Lara

Foto de tapa: adoquinado de la ciudad de Buenos Aires. Foto del autor.
Foto de contratapa: piedra de moler, regalo de Juan Manuel de Rosas en 1837 al gobernador de Jujuy, Pablo Alemán y que quedó en Buenos Aires por la muerte de Quiroga (Museo Histórico Nacional). Foto del autor.

Aspha Ediciones
Virrey Liniers 340. 3ro. L.
Ciudad Autónoma de Buenos Aires
CP. 1174. Argentina
Telf. (5411) 4864-0439
asphaediciones@gmail.com
www.asphaediciones.com.ar

IMPRESO EN ARGENTINA / PRINTED IN ARGENTINA

Hecho el depósito que establece la ley 11.723

“Por complicado que resulte una investigación,
ha de existir un modo de explicárselo a un niño.
Y eso es lo que debemos hacer,
ver las cosas de un modo simple,
sin por ello caer en la tentación de simplificar”.

Hening Mankell, 2009

Esta publicación ha sido posible gracias a la donación que en memoria de sus queridos padres, el iconógrafo y coleccionista Aníbal Aguirre Saravia, y de Kikika Ros Quesada su incondicional compañera en la vida, han realizado sus hijos Santiago, Ignacio, Alejo, Ramiro y Celina.

ÍNDICE

INTRODUCCIÓN

En la arqueología histórica de la ciudad de Buenos Aires y su entorno, es decir el conurbano, casi no hay referencias bibliográficas sobre el trabajo de la piedra. Quizás por algo tan simple como la no existencia de rocas en la naturaleza local. De todas formas podemos recodar alguna publicación hecha desde la historia municipal sobre los empedrados de la ciudad y cómo iban extendiéndose[1], y luego algún estudio reciente, pero no mucho más. Extrañados por eso, y por el hecho que en arqueología sí se encuentran piedras desde las primeras excavaciones hechas en la ciudad[2], hace algunos años

[1] Puede verse el *Censo Nacional* de 1887 que hace un estudio de los empedrados, tema que fue seguido anualmente por la Municipalidad en sus Memorias y diversos documentos oficiales por medio siglo.

[2] El hallazgo de objetos líticos diversos se produjo desde la excavación de Defensa 751-55 en 1987 y se han incluido en todos los informes de trabajos en la ciudad, incluyendo algunos destacados por su antigüedad como en la calle Moreno 350: Daniel Schávelzon, *El material arqueológico excavado*

hicimos unas primeras reflexiones y presentamos ejemplos para abrir el problema, porque parecía que la arqueología histórica había partido de la misma presunción que la arqueología prehistórica: como no hay piedras en los terrenos que hoy ocupa la ciudad de Buenos Aires, por lo tanto no habían objetos hechos de piedra, y menos quien la trabajara. Pero los que se dedican a la arqueología histórica hemos aprendido que esto no es exactamente así[3], no sólo mirando en la ciudad si no más aun, vemos que son bastante habituales en cualquier excavación. Es por eso que con este estudio intentamos un acercamiento más amplio a la presencia lítica, sus funciones y a los sistemas de su talla, perforación, corte y pulido, con el objeto de avanzar en esa temática de trabajo. La primera vez que encontramos un conjunto lítico fue al excavar el patio delantero del actual Museo Etnográfico en Moreno 350 donde un grupo de veintiuna rocas, todas de menos de 15 cm de ancho, nos hicieron preguntarnos sobre su origen y función. Dado que el fechamiento establecido para el sitio fue de 1630 a 1650 aproximadamente, no había hipótesis posible para explicarlas, ni su origen ni uso. Su posición estratigráfica también era extraña ya que estaban al fondo del pozo todas juntas, es decir que fue lo primero que se arrojó allí, como si hubiese sido hecho para eso.

Este libro es, en realidad, el resultado de más de veinte años de hallar piedras como las citadas antes y muchas otras, al igual que objetos hechos con ellas encontrados en diferentes excavaciones, pero presentándolos en forma ordenada por su funcionalidad, y no en base a su contexto como es habitual en los libros de arqueología o por su materialidad en la geología.

en el Museo Etnográfico (Buenos Aires), XI Congreso Nacional de Arqueología Argentina, San Rafael, 26 de mayo de 1994.

[3] Daniel Schávelzon, Arqueología histórica de Buenos Aires, vol. 1: *La cultura material porteña de los siglos XVIII y XIX*, Editorial Corregidor, Buenos Aires, 1991.

Por supuesto éste es un orden que establecemos, optando por funciones y usos, hay otros y pueden existir infinitos órdenes más, parte de las tantas miradas que se cruzan sobre los objetos usados en el pasado.

En Buenos Aires es cierto que no hay piedras naturales en su suelo o subsuelo -para hallarlas debemos ir a Martín García, Olavarría o Tandil entre otros sitios-, pero pese a eso las piedras son uno de los objetos comunes de la ciudad: caminamos todos los días sobre ellas en los empedrados que están limitados por los cordones de las veredas, tenemos cientos de imponentes esculturas de mármol, usamos mesadas de mármol blanco en la cocina, al igual que todos los edificios que tengan cierta edad poseen escalones, zócalos, molduras y columnas, y están sus frentes hechos o recubiertos de piedras finas, entramos a los bancos y edificios públicos con enormes columnas y escaleras. En la arquitectura nadie tenía el menor respeto -ni se les ocurría-, por la discapacidad o la ancianidad, por lo que no había piso sin desnivel, blancas escaleras eternamente largas, enormes descansos, pasillos de entrada con sus muros recubiertos, todo hecho con mármoles, más o menos de calidad según el nivel social que se quería aparentar.

Por otra parte -absurdo-, no hay nada más *criollo* que un aljibe hecho con mármol blanco traído desde las canteras de Carrara en Italia. Recorrer la zona bancaria es tener a la mano un muestrario inusitado de las piedras de alta calidad que llegaban desde Europa en el siglo XIX -y luego desde el interior del país-, para recubrir muros; incluso hoy podemos ver las pocas ventanas que quedan que tenían las iglesias coloniales de la ciudad las que se cubrían con alabastro proveniente de Huamanga (Perú) como en El Pilar y Santa Catalina. A partir de la moda de los chalets *estilo Mar del Plata* se comenzó a decorar los frentes con piedras y lajas que llevaban ese mismo nombre y de los que quedan aun muchos ejemplos en la ciudad.

1. Cimientos de la iglesia de San Ignacio sobre la calle Bolívar, construidos en el siglo XVII, único intento de edificar con piedra por los jesuitas (cortesía Ana Igareta)

Como enumeramos más abajo, la variedad de este material es enorme y lo fue desde temprano; no es un rasgo moderno si no que desde los inicios de la ciudad las piedras fueran usadas de una u otra forma y trabajadas de muy diferentes maneras. Caminar por pueblos y ciudades de la periferia urbana que se han conservado, es andar por veredas hechas de lajas traídas desde Alemania, color gris oscuro, o de la región, pero ahí están, siguen imperturbables. En la ciudad de Buenos Aires sólo quedan tres o cuatro fragmentos de estas calles, los mayores en frente al Cabildo, en la calle Venezuela casi Bolívar y en Alsina al 400, preservados por el Museo de la Ciudad.

2. Piedra plana de forma peculiar y función desconocida hallada en el pozo excavado bajo el Teatro Colón, conteniendo materiales de la estación de La Porteña (gentileza M. Carminati)

Es también cierto que algunas piedras cumplían funciones que son la continuidad de actividades prehispánicas, como los morteros, sean tanto para apisonar (verticales) como para moler maíz (horizontales), pero ese mismo instrumento existía desde tiempos inmemoriales en Europa, Asia y África (y el mortero vertical es precisamente africano). Y si hay tradiciones indígenas y europeas, ¿por qué no suponer que las haya africanas también? Ya se ha demostrado que la forja del metal en las Américas tiene elementos Afro[4] y nosotros mismos hemos mostrado el uso de cantos rodados en ceremonias de adivinación mágica[5].

3. Enormes bloques de lajas usado como base de una ventana de la antigua Aduana de Taylor

La presunción habitualmente asumida es que el hecho de tallar piedras para darle formas utilitarias, o incluso el vidrio para hacer desde un raspador o un cuchillo para cortar, o una

[4] Candice Goucher, African-Caribbean metal technology: forging cultural survivals in the Atlantic World, en: *African Sites Archaeology in the Caribbean* (Jay B. Haviser, edit.), p. 143-156, M. Wiener Publ., Princeton, 1998.

[5] Daniel Schávelzon, *Buenos Aires Negra, arqueología histórica de una ciudad silenciada*, Editorial Emecé, Buenos Aires, 2003.

punta de flecha, son de por sí productos del trabajo indígena o al menos de una tradición indígena, lo que llamaríamos como "hispano-americano" o "criollo" y por lo tanto de clara influencia prehispánica. Creo que estamos en capacidad de demostrar que el trabajo lítico expresa también antiguas tradiciones africanas y europeas que llegaron a América en donde vivieron muchas vicisitudes: o se mantuvo igual que como se usaba en sus países de origen, o se mezcló culturizándose de diversas formas con lo preexistente, o sólo se amoldó a otras formas de trabajar o usarla. El asociar mecánicamente una piedra tallada con el universo indígena, en el período histórico, es una falacia de por sí, a menos que lo comprobemos.

CAPÍTULO I

LAS PIEDRAS Y SUS USOS MÁS FRECUENTES

La pizarra: deberes escolares y material de construcción

Uno de los materiales pétreos más comunes en Buenos Aires ha sido la pizarra; esa piedra gris oscura que fácilmente se desbasta en láminas planas y grandes, que cumplió muchos roles en la cultura material y de ahí que sea habitual encontrarla en la basura doméstica. En primer lugar cubrió los techos de las casas importantes y edificios públicos, esos techos eran llamados aquí *mansardas* por su inventor, el arquitecto François Mansart (1598-1666), que los puso de moda entre reyes y princesas francesas del Barroco. Para Buenos Aires no conocemos ejemplos anteriores al gobierno de Urquiza y con Sarmiento se pusieron de moda incluso en los grandes edificios oficiales. Esas placas son en su mayoría rectangulares pero también las hay cuadradas y en forma de escamas, habitualmente con un agujero para el clavo que las sostiene tal como a una teja común desde el siglo XIX; eran altamente resistentes, impermeables, hermosas a la vista y prestigiosas socialmente. Venían ya hechas o simplemente preformadas por lo que era necesario terminarlas aquí; esto se hacía con un martillo especial o de madera, con pequeños golpes laterales, para ir sacando lascas alargadas una tras otra, o mediante una sierra de mano cuyas marcas son evidentes.

También la pizarra era usada en pisos por su forma misma y desde antes que para los techos. En escaleras aun en pie y arqueológicamente en los trabajos hechos en la Casa Ezcurra, encontramos numerosos ejemplos, tanto producto de arreglos por la facilidad de adaptarlas a cualquier forma como formando motivos de combinaciones de color. Un ejemplo histórico lo trae Lucio Vicente López en su conocido libro *La gran aldea*, donde describió una casa de inicios del siglo XIX que tenía "un vasto y desierto patio a la entrada, enlosado con grandes piedras color pizarra, perpetuamente húmedas y empañadas por una eterna capa de verdín"[1].

Una manera más doméstica de usarla era en las pizarras escolares, de allí el nombre aun en uso de "pizarrón" (pizarra grande); las transportables medían cerca de 20 por 30 cm y entre 2 y 3 mm de espesor, tenían un marco de madera para evitar su rotura y en general una de las caras estaba rayada con renglones o cuadriculada[2] y las hay reportadas en casi todas las excavaciones que cubren al siglo XIX. Los niños las llevaban al colegio todos los días para escribir, por lo caro del papel y seguramente las rompían dada su fragilidad.

También se hicieron lápices, simples barritas alargadas de unos 10 cm de largo, que en realidad rayaban más que

---

[1] Vicente Fidel López, *La gran aldea*, Editorial Abril, Buenos Aires, 1983, pág. 89.

[2] D. Schávelzon, Op. Cit., 1991, pág. 148.

escribían, pero que eran muy baratas. Sus lados están terminados con cuchillo y por lo tanto son irregulares y fáciles de distinguir, su rotura producía un rápido descarte. La excavación de la calle San Juan 338 permitió encontrar en una sola habitación 59 lápices de pizarra y cinco pizarritas para dibujar, a lo que podemos sumarle otros tres lápices provenientes del patio delantero de la casa. Si lo comparamos con la única escuela excavada que conocemos, la de Quilmes, donde se hallaron 116 lápices y 79 fragmentos de pizarras[3], podemos pensar en un patrón común. En base a eso hemos escrito acerca de la posibilidad de asociar ese espacio de la calle San Juan 338 a actividades domésticas educativas[4].

4-5. Lápices y tabletas de pizarra, estas con su cuadriculado; excavación de Defensa 755

[3] Proyecto Arqueológico Quilmes, *Informe 1995-1996*, Centro de Arqueología Urbana y Municipalidad de Quilmes, informe mecanoescrito, 1996.
[4] Daniel Schávelzon, *La casa más antigua de Buenos Aires: buscando el espacio de los niños (San Juan 338)*; ponencia en el XIV Congreso Nacional de Arqueología Argentina, Rosario, 2000.

Los documentos históricos son muy ricos en estos objetos ya que eran tanto de uso por el Estado como familiar; el Cabildo en 1821 informaba haber adquirido "pizarras y lápices que han venido en el bergantín *Nautilius* de la Sociedad Lancaster de Londres" y de "20.000 lápices y 35 docenas de pizarras a un costo de 35 libras, que equivalen a 178 pesos"[5], por citar un ejemplo de la masividad con que estos objetos llegaban a la ciudad.

6. Laja de pizarra para techo con marcas de clavos redondos pero con terminación manual reusados en un piso; excavación Alsina 433. Fue parte de un motor del siglo XIX de la Imprenta San Martín que funcionara en el sitio

[5] Oscar Luis Ensink, *Propios y arbitrios del Cabildo de Buenos Aires 1580-1821*, Monografías Economía Quinto Centenario, Madrid, 1991, pag. 470.

Mesadas, piletas y fuentes

Poco antes de los finales del siglo XIX, José Eduardo Wilde se quejaba ácidamente que cuando era joven los carniceros no usaban mesadas de mármol para cortar, si no que lo hacían con un simple cuero que ponían en la calle, o en el piso, casa por casa, cortando con un hacha. En su queja no sólo entendemos hoy el nacimiento y evolución de las teorías del Higienismo si no también el consumo masivo de mármol para muchas actividades de la ciudad. Las mesadas de cocina aun son de mármol y las de metal compiten en su reemplazo. Valga el detalle que además de sus ángulos curvos para evitar golpes, tienen los agujeros de la *bacha*, los hechos para las canillas y una canaleta circundante que lleva el agua al desagüe y evita que se derrame; aunque esto ha tendido a desaparecer en las cocinas modernas. Si las más antiguas las encontramos hacia 1830, los mármoles estaban aserrados y pulidos en una cara, pero terminados a golpes en los bordes y en la cara inferior, con grosores que superaban la pulgada. El número y calidad de las perforaciones, la técnica con que se hacían las canaletas y el grosor de la placa, además de la terminación superficial, son mecanismos para ubicarlas cronológicamente. El uso del mármol para estos menesteres es básicamente del siglo XIX en que se trae de Italia (Carrara) por su color blanco limpio y luego, después de 1880, se comenzó a explotar en Olavarría y otras regiones de la provincia.

Con las piletas para agua la cosa es más compleja ya que el mármol siempre fue frágil, importado y caro, con lo cual era imposible hacer un abrevadero de agua para los caballos o una fuente; para eso se usaban piedras duras cuyo pulido era complejo y jamás tenían trabajo más allá de lo imprescindible. Los ejemplos que aquí presentamos, todos de mitad del siglo XIX, tienen su base simplemente terminada con martillo y cincel e incluso con pico; se hizo lo necesario para desbastar el material y se consideró suficiente ya que posiblemente iban empotradas en el piso. Para trasladar las piletas halladas en el pozo de basura del Teatro Colón fueron necesarias cuatro personas. En estos últimos casos tienen agujeros para desagües de hierro y la canaleta fue hecha con un cincel y terminada con martelina, cuyas marcas son evidentes. Es decir que en la estación del ferrocarril de La Porteña, que es de donde se supone que provienen estos objetos y que quedaron en un pozo bajo el teatro posterior, a mitad del siglo XIX las piletas superponían tecnologías diferentes incluso para sistemas de desagües distintos.

7. Pileta para agua del pozo bajo el Teatro Colón, una vez restaurada: nótese la parte superior pulida; el desagüe fue hecho a mano

8. Reverso de la misma pileta para agua del pozo bajo el Teatro Colón, una vez restaurada: nótese la parte inferior con trabajo de cincel

Piedras de chispa de armas de fuego

Estos pequeños objetos de piedra han sido un verdadero rompecabezas para la arqueología prehistórica ya que es común ver en la bibliografía que se los confunde con raspadores indígenas; y a partir de la definición de su función y cronología como piezas históricas (los primeros los difundí en 1987), hemos visto continuar reiteradamente su adscripción cultural a indígenas o tradiciones indígenas. Resultaba casi imposible aceptar que, valga el ejemplo, un soldado de San Martín en plena batalla tenía que hacer retoques unifaciales a un pequeño sílex para poder mantenerse en la lucha.

9-10. Gran pileta recuperada en la excavación del Teatro Colón en que se notan las diferentes formas de trabajar la piedra, con cinceles de dos tamaños y pulido superior

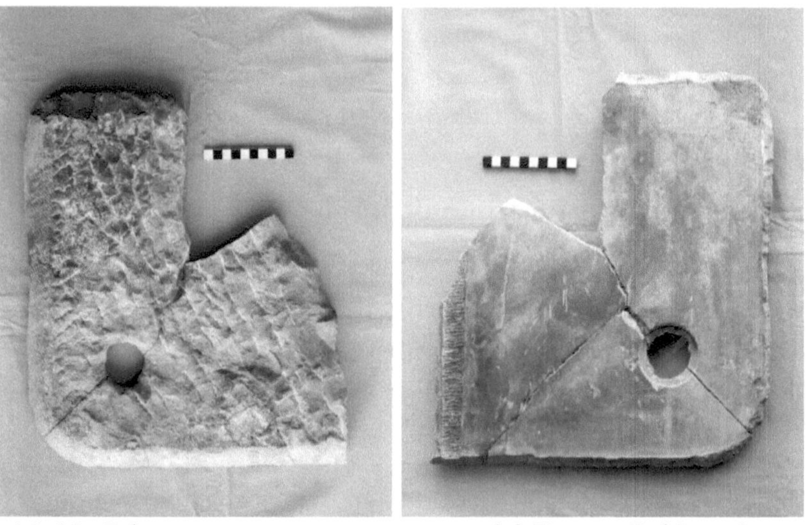

11-12. Pileta para agua proveniente del Teatro Colón, nótese la calidad del pulido del granito superior y el trabajo a cincel y martillo de la inferior; el agujero ha sido hecho arriba mecánicamente, abajo a mano

13-14. Restos de un piletón de agua para caballos, de mármol, empotrado en la entrada del túnel que iba de la Aduana de Taylor hacia el río, marca el nivel del piso verdadero del edificio

Estos pedernales o piedras de chispa o chisperos, fueron comunes en cualquier sitio en que hubiera armas de fuego o asentamientos europeos, luego pasaron a manos indígenas y todos los grupos sociales las usaron. Si algún grupo o etnicidad dejó su impronta en los retoques para mantenerlos en uso, o incluso si los hizo o siquiera si intentó hacerlos -ya que en principio en su totalidad vinieron terminados de Europa- son temas abiertos a la investigación. Al menos en Estados Unidos ha sido bien comprobada la existencia de chisperos hechos por mano de obra indígena, generalmente cuadrados. Aquí su estudio ha pasado por la información documental[6] y hay amplias colecciones, como en el Museo de Armas de la Nación.

Resulta imposible en unas notas de esta naturaleza explicar todos los tipos y variantes de chisperos, pero debemos recordar tres grandes tradiciones: desde el siglo XVI la proveniencia era incierta e irregular llegando de diversas fuentes europeas, incluso desde Albania o de donde hubiera fuentes de mineral accesibles; las primeras en sistematizarse para la exportación masiva fueron las francesas hacia 1770 y en los inicios del siglo XIX las inglesas; sus formas son diferentes y sus colores también y hay numerosa bibliografía para identificarlas. En general las francesas son irregulares, con el lado posterior redondeado y corto, de color amarillento y desde 1800 tienden a ser cuadradas; las inglesas son oscuras, negras o grises, rectangulares, muy parejo en su trabajo, casi sin retoques en los extremos[7]. Básicamente miden entre 2 y 3 cm en su su-

[6] Como bibliografía básica en el tema es indispensable: Rafael M. Demaría, *Historia de las armas de fuego en la Argentina,* Ediciones Cabargón, Buenos Aires, 1978.

[7] John Whitthoft, A history of gunflints, *Pennsylvania Archaeologist* vol. 36, nos. 1-2, pp. 12-49, 1966; T. M. Hamilton y Kenneth Emery, *Eighteenth Century gunflints from Fort Michilimackinac and other colonial sites*; Archaeological Completion Reports Series, no. 13, Mackinac Island State Park Commission, Michigan, 1988.

perficie mayor y cerca de 5 mm de espesor, la cara plana es la de arriba y el lado largo es donde se produce el golpe para la chispa, provocando lascados que deterioran al objeto hasta hacerlo inútil y a veces irreconocible. Su descarte fue masivo ya que su uso estándar es de unos diez disparos; hemos publicado documentos de compra de hasta dos millones de piedras de chispa por los ejércitos de la independencia.

Es posible que haya habido producción de este tipo de objetos en algunos otros sitios fuera de Europa central, pero el tema aun está sin definir. Siguen siendo objetos que necesitan estudios serios y metódicos en el futuro. Sabemos, por documentos, de la existencia de ejemplos "españoles", vinieran de donde vinieran, pero que en su época eran identificados como diferentes a los otros, aunque no hemos podido definirlos arqueológicamente; de todas formas parecen ser una minoría.

En al menos un caso, la excavación de la comisaría de lo que fuera la primera ubicación de Puerto Deseado a finales del siglo XIX e inicios del XX, permitió encontrar unos objetos lascados que, por su rareza, fueron considerados como posibles intentos de hacer piedras de chispa basándose en los conocimientos del trabajo del material que tenía la población indígena local. Es un tema para el futuro y que será de enorme interés[8].

Más adelante hacemos un estudio detallado de estas piedras e incluimos ejemplos de cada tipo.

[8] Melina Bednarz, Artefactos líticos en el Área Fundacional ¿alteración o interacción?, en: *El Área Fundacional de Puerto Deseado: estudios*, Deloscuatrovientos, pp. 187-192, Buenos Aires, 2008.

Pisos y calles empedradas, cordones y veredas

El uso de piedras en las calles es un viejo tema en la ciudad, resultado de una imperiosa necesidad: pavimentar de alguna manera las calles de barro. Pero fue en 1780 cuando se comenzó realmente a traerse piedras desde la isla de Martín García, o incluso de la Banda Oriental, para las calles. Se trataba de clastos de forma más o menos redondeada, de unos 20 a 30 centímetros de largo máximo, que resultaron inmanejables, con una clara tendencia a haber elegido las más planas, que se asentaban directamente sobre el barro para que quedaran firmes. Habitualmente no tienen marcas de haber sido alteradas o trabajadas de ninguna forma. Hoy quedan *in-situ* dos únicos fragmentos de estos pavimentos, una muestra mínima en la calle Florida y Diagonal Norte (lado sur) con un cartel indicador; este fue recuperado por José María Peña en la década de 1970 al hacerse arreglos en la calle y dejado en el lugar. El otro es un hallazgo insólito hecho hace un par de años en la calle Magallanes en Barracas, en que bajo el asfalto apareció en perfecto estado el empedrado colonial; tras largas polémicas se decidió dejar una parte amplia a la vista.

Debido a que numerosas calles de la ciudad fueron empedradas con este simple sistema, es común encontrar las piedras usadas en otras funciones y contextos, o en rellenos con otros materiales descartados. Sabemos que hubo empedrados hechos por particulares además de los del Estado. Las litografías de Carlos Pellegrini de la década de 1820 muestran varios empedrados, como el que cruzaba la Plaza de Armas hasta la Recova.

Durante el gobierno de Rivadavia se tomaron las primeas medidas concretas para empedrar la ciudad dado que lo de Vértiz fue sólo buena intención, ya con técnicas modernas, es decir adoquines de corte cuadrangular sobre una base de arena, regularizados, con pendiente hacia el centro por donde corría un canal para el agua. Hacia 1860 se estandarizó el sistema, con curvatura que desagua hacia los costados y cordones de vereda de granito, con *trotadoras* de piedras más grandes que facilitaban el cruce de los peatones; la calle Juramento aun conserva intacto el sistema antiguo. Para 1875 se usaban los de granito de 10 a 13 cm por 20 de largo asentados sobre arena. Recién en 1883 se los comenzó a importar masivamente desde Inglaterra, pero dado que la superficie exterior se pulía muy rápidamente fueron descartados, pero sirvió de experiencia para la colocación de los nacionales. El uso de hormigón de base y luego una capa de arena se implementó hacia 1895. La colocación de cordones de piedra es sólo un poco anterior y la idea vino unida en realidad a las Obras Sanitarias y la necesidad de conducir el agua hacia las bocas de tormenta, más que a la circulación de vehículos. En 1888 una comisión especial determinó el sistema que fue mantenido en la ciudad por medio siglo.

Existe ya una primera tipología o clasificación de los empedrados publicada[9] porque los orígenes de estos materiales, en una ciudad que tuvo veinte años de pruebas y cambios, es enorme, incluso llegaron desde la Guyana. La variedad del tamaño y materia prima no es funcional si no que está en relación al sitio de proveniencia, es decir Inglaterra, Trinidad, Italia, Alemania y otros lugares y sus tradiciones de tallar la piedra. Estos empedrados en parte se mantienen, en parte fueron reemplazados por adoquines de madera y más tarde por el asfalto que ya ha cubierto casi toda la ciudad.

Los cordones de granito se usaron habitualmente desde 1880-85, midiendo 0.15 (y hasta 0.20) x 0,40 (hasta 0.50) x un metro; dado su peso, actualmente al rehacerse los cordones con cemento se los entierra de forma horizontal, lo que resul-

[9] D. Schávelzon, Op. Cit. 1991, pp. 203-204.

tará interesante para los arqueólogos del futuro. Resulta interesante el anecdotario porteño sobre las primeras veredas con cordones, ya que la gente solía "sentarse en la calle debajo del cordón de la vereda, a fin de no impedir el tránsito de los pedestres"[10], algo bastante diferente a la actualidad.

15. Primer empedrado de la calle Florida, extraído de su nivel más antiguo por el Arq. José María Peña

Habría que recodar el macadam, el sistema de empedrado de las *calles largas* (caminos a Palermo, Flores, la Boca y Belgrano) que se basaba en el invento hecho por John Loudon McAdam (1756-1836), usando pedregullo de diversos gro-

[10] José A. Wilde, *Buenos Aires desde 70 años atrás*, Eudeba, Buenos Aires, 1977.

sores para que se compacten entre sí. Fue publicado en 1816 aunque se usó por primera vez en 1830 en Estados Unidos, de allí que su implementación para el Camino del Bajo por Juan Manuel de Rosas debió ser de los primeros en el mundo, ya que es de una década posterior. Era un sistema de bajo deterioro y costo de mantenimiento. Fue descartado localmente porque la piedra caliza usada levantaba mucho polvo; de todas formas y como "ripio" se sigue usando en el mundo entero.

Las veredas de la ciudad, después de las de ladrillo, fueron empedradas con las llamadas popularmente como *lajas de Hamburgo*. Esas enormes piedras eran traídas desde ese puerto, aunque no necesariamente eran de esa ciudad, como lastre de los barcos y luego eran usadas para las veredas; quedan unas pocas en la ciudad, todas preservadas por esfuerzo del Museo de la Ciudad. Hay ciudades de provincia que están aun empedradas con estas piedras y quizás el caso de Mercedes, en la zona cercana al ferrocarril, sea único en el país. Se destaca el cuidadoso pulido de la cara superior la que tiene una ligera curvatura hacia los bordes; el resto está terminado simplemente con martillo de extremo plano.

Es útil ver la evolución de la legislación municipal sobre las veredas y cordones entre 1860 y 1900 para entender este proceso de cambio en el uso de los materiales y la búsqueda de la homogenización de materiales; así en 1867 se consideraba que la "piedra común sin labrar" era "vieja" y que lo nuevo era "piedra, baldosa o ladrillo" mientras que en los cordones se autoriza, absurdamente, el uso de pizarra, baldosa e incluso "chapa de mármol liso"; en 1882 se ordenó que todas las veredas del radio céntrico fuesen de piedra y si bien no todas deben haberse hecho de este material, se puede observar la velocidad con que han desaparecido ya que nuestra generación ni siquiera las conoció. La legislación de 1887 identificaba las piedras para calles como "piedra argentina de Tandil, la italiana, la hamburguesa, la inglesa y de la Banda Oriental" según el *Di-*

gesto Municipal de 1895. No tenemos evidencia de que en la ciudad se trabajaran estas piedras y aunque se ha publicado una posibilidad en un corralón de Floresta, necesitamos conocer los de deshechos de talla y su estudio[11]. Creemos que, como todo corralón, sirvió de depósito de adoquines provenientes de diversos sitios de la zona. La observación empírica de estos conjuntos, incluso hoy en día en la calle, muestra que al arrojarlos uno encima del otro, a veces con grandes máquinas, se producen lascas y golpes de ubicación arbitraria en la pieza, pero que no tienen ningún otro significado.

Para los pisos de las viviendas, cuando eran realmente ricas, se usaban baldosas cuadradas de mármol blanco combinadas con negras en forma de tablero de ajedrez. No hay duda que era un signo de riqueza durante el siglo XIX temprano que fue cuando comenzaron a usarse; de los sitios turísticos visitables en la ciudad la Casa de los Ezeiza en San Telmo es un muy buen ejemplo. Se unían a escalones, zócalos y chimeneas del mismo material. Antes hemos citado los pisos de pizarra gris. Las baldosas excavadas de mármol son todas terminadas abajo y a los lados sin sierra, sólo con pulido en la superficie visible.

[11] Celina Mércuri, y Federico Colaca, Propuesta metodológica para el abordaje tecnomorfológico de adoquines y sus deshechos en sitios urbanos de Buenos Aires, en: *El Area Pampeana*, pp. 75-89, Centro de Estudios en Ciencias Sociales y Naturales, Chivilcoy, 2009.

16. Dibujo de Juan Camaña de una calle en tiempos de Rosas: nótese el irregular empedrado de la calle y el ya regular de la vereda, además de las piedras para apoyar los pies en la esquina

17. Adoquinado de la ciudad: nótese que las piedras forman curvas concéntricas que cambian al llegar a la esquina

18. Cordón de piedra tallada y su ajuste a los adoquines

19-20. Calle empedrada en Tandil y piso de la estación de ferrocarril de Chascomús

Aljibes

Los aljibes son objetos más que conocidos en Buenos Aires, aunque lo que llamamos con este nombre no es más que el brocal, es decir la parte superior de una cisterna o pozo, según el caso, de donde se sacaba agua. Estos brocales eran en origen de madera o de ladrillo y sólo en el siglo XVIII se comenzó a importarlos hechos de mármol blanco. Llegaban desde Europa ya tallados en placas, o incluso monolíticos y aquí se les agregaba la estructura metálica superior forjada. Quedaron fuera de uso en los finales del siglo XIX cuando comenzaron a instalarse los sistemas de agua corriente. Muchos de ellos fueron vendidos como objeto ornamental, otros se destruyeron y las piezas pasaron al escombro de relleno de la ciudad. Hay buena bibliografía al respecto[12] que permite identificar los fragmentos por forma y decoración.

[12] Vicente Nadal Mora, *La herrería tradicional de Buenos Aires*, Comisión Nacional de Museos, Monumentos y Lugares Históricos, Buenos Aires, 1957.

21. Gran piedra granítica sin trabajar hallada en la excavación de Bolívar 375 posiblemente usada para el empedrado de la calle (cortesía Flavia Zorzi)

22. Umbrales y escalones de entrada de mármol en un edificio en San Telmo, construido hacia 1870

23. Aljibe típico de Buenos Aires hecho de mármol

Drenajes y conductos

El traslado del agua en los primeros tiempos de la ciudad no era un problema, simplemente se lo arrojaba a la calle y lo peor que producía eran malos olores, lo que era habi-

24. Patio porteño hacia 1930 con su aljibe de mármol blanco aun intacto (foto Archivo General de la Nación)

25. Fragmento de mármol excavado en Defensa 755 parte de un aljibe

tual. Pero el crecimiento urbano fue obligando a desarrollar sistemas cada vez más complejos para conducir los líquidos en especial los cloacales y el agua de lluvia por su intensidad en calles de tierra. Las zanjas no eran solución así que se desarrolló el sistema de albañales, conductos hechos de ladrillos, más tarde los de caños de cerámica desde el siglo XVII, los de esa material pero vitrificado en el XVIII y en el XIX llegó la posibilidad de usar hierro. Pero en algún momento, y al menos en un par de casas construidas para alquilar por los jesuitas hacia 1760, se hicieron conductos de piedra. En la Casa de Elorriaga se lo encontró hecho en dos mitades -superior e inferior-, en la Casa Ezcurra -su vecina- lo hallamos sólo como canaleta. Parecerían hechas por la misma mano pese a sus pequeñas diferencias.[13]; miden hasta 45 cm de ancho y casi un metro de largo en cada tramo.

26. Excavación del desagüe de la Casa Ezcurra hecho en piedra, mitad del siglo XVIII

Estatuas, esculturas y lápidas funerarias

En la ciudad hay cientos de esculturas y monumentos, forman parte de la ornamentación de plazas, parques y edi-

[13] Graciela Seró Mantero, *La casa de María Josefa Ezcurra, una de las viviendas más antiguas de Buenos Aires*, Gobierno de la Ciudad, Buenos Aires, 2000.

ficios públicos; nada nos parece más normal que eso. Lo que resulta interesante en una ciudad sin piedra, es que todas están hechos de ellas. Algunas han sido trasladadas enteras desde Europa, otras fueron talladas aquí con mármoles o piedras del exterior, otras lo han sido con piedras del país. Por suerte son objetos que difícilmente vayan a ser descartados, pero incluso eso existe en la variada basura porteña: he excavado en 1987 en la calle Defensa 1461, el basamento de un monumento a Perón que luego de rescatado fue donado al Museo de la Casa de Gobierno. Más tarde encontré en los rellenos de Palermo un basamento de granito italiano de enormes dimensiones, que al trazarse el gasoducto que pasó por allí fue imposible siquiera rescatarlo ya que se necesita grúa y un camión para su traslado. Es decir que incluso este tipo de objetos queda como parte del descarte urbano.

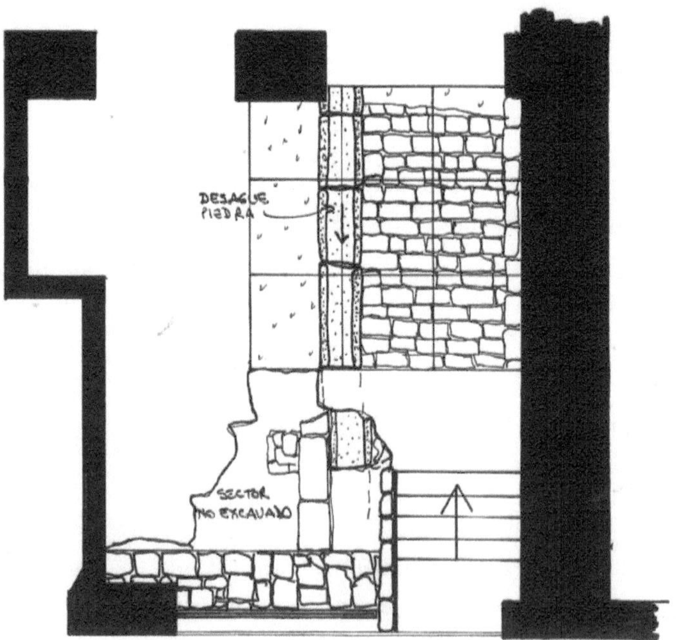

27. Ubicación del desagüe de piedra en el acceso a la vivienda

Es interesante ver de cerca las grandes esculturas porque se hacen evidentes las marcas de la talla y el pulido; incluso hay casos que por una cuestión estética quedan a la vista los golpes mismos del cincel[14]. Esta tradición es muy antigua: Miguel Ángel se caracterizó por haberse atrevido a dejar sectores enteros solo parcialmente trabajados, con un cincel de tipo martelina plana, pero sin pulir luego la superficie, áreas que creaban contrastes marcados y claroscuros que lo llevaron a la fama. Eso se observa hasta en sus obras más famosas. Luego, de una forma un otra, en el mundo Occidental se usó ese sistema de dejar áreas sin pulir que muestran las herramientas con que la obra ha sido hecha. Incluso hasta cómo ha sido sacado el bloque de la cantera.

28. Lápida rota y quemada, encontrada en los rellenos en parque Avellaneda provenientes de La Quema

[14] Véanse como ejemplos los monumentos a Colón y en el De los españoles.

Lápidas funerarias hemos encontrado también varias en excavación, al menos una completa, una legible y muchos fragmentos. Siempre han sido de mármol y de los siglos XIX tardío y XX. Un grupo ha sido encontrado en el contexto de la basura quemada excavada en Parque Avellaneda por Mariano Ramos en 1999, otra proviene de los rellenos modernos del sótano de la Casa Benoit en la esquina de Independencia y Bolívar encontrada junto con Zunilda Quatrin en 2000. Una visita a los cementerios antiguos nos puede mostrar una larga cantidad de lápidas de todo tipo y material que en la mayor parte de los casos muestran en las caras no visibles la forma en que fueron talladas.

Materiales de construcción y cimientos

Tenemos información arqueológica sobre tres tipos de materiales usados en obras de construcción: las piedras de cimientos, los apoyos de columnas y los mármoles y pórfidos para revestir fachadas, hacer escaleras o zócalos.

El uso de la piedra en cimentaciones es excepcional por el costo casi impensable en la ciudad colonial y el único caso conocido es el de San Ignacio; las observaciones hechas en la excavación del año 2003 permitió saber que al menos partes de los cimientos eran de granito escuadrado en forma de sillares de tamaño medio, combinados con ladrillos. Este sistema lo usaron los jesuitas para construir sus iglesias en todo el país, pero aquí se encontraron con la imposibilidad de traer la piedra, por lo que quedó sólo en parte de los cimientos; su fechamiento es de la mitad del siglo XVII.

El segundo sistema identificado es el uso de grandes bloques de granito o piedras similares muy duras para ser colocadas debajo de las columnas de hierro en los edificios industriales del siglo XIX. Hasta que el uso del hormigón se difundió hacia 1870-1880, se usaron grandes piedras para cimentar columnas de estructuras pesadas; eran bloques que llegaban a medir 80 cm de lado y unos 15 cm de alto, similares en mucho a los cordones de veredas, que hacían más simple la cimentación y obviamente le daban una enorme resistencia. Podían colocarse horizontales o verticales según el tipo de suelo y la función. Los docks del puerto tenían este sistema en sus cimientos y aparecieron varios durante las obras para Puerto Madero. Dado su enorme peso, al demolerse esas obras eran simplemente usadas como relleno en el mismo lugar para sacarse el problema de encima. En la excavación de la calle Bolívar 375 se reportó una docena de ellas para la estructura que soportó la primera galería comercial hecha en el tercer tercio del siglo XIX.

29-30. Piedra de cimiento de columna de hierro, excavación Bolívar 375; fragmento de decoración en mármol, Defensa 755

31-32. Puerta de entrada en un edificio residencial en San Telmo (ca. 1870), hecho de imitación piedra arriba con la base auténtica lo que queda probado por la rotura en forma de lasca vertical

33. Muro de la iglesia de San Ignacio al ser retirado el revoque: se observa el sistema constructivo de granito traído de Martín García en el siglo XVII y ladrillos en fajas horizontales

El mármol ha sido el más común de los materiales pétreos de revestimiento; si bien el proveniente de Carrara por su color blanco venía bien para el Higienismo del siglo XIX, sabemos que llegó desde épocas anteriores: en 1774 se trajeron los pisos de la Catedral hechos con ese material -que no es el actual-, en el *Censo* de 1826 ya hay dos marmoleros en la ciudad pero en 1887 ya eran 64 las marmolerías; ese mismo año los datos de Aduana indican que se importó 83.000 m2 de esa piedra en bruto. Los mármoles nacionales de Olavarría y Córdoba comenzaron a ser explotados en la década de 1870-80.

34. Estacionamiento en Núñez, la pared ha sido hecha con lajas de Hamburgo puestas con la base hacia fuera

35. Detalle de la pared superior mostrando las marcas de cinceles sobre la superficie de la piedra

Manos de mortero y otros objetos de tradición indígena

Este tipo de objetos, muy asociados a las culturas indígenas, a la molienda del maíz en morteros planos más que nada, también fueron usados en la ciudad en tiempos históricos. Los casos reportados no son muchos, no alcanzan a media docena, y los contextos son de diversas cronologías que van desde el siglo XVI al XIX. Los hay de formas y calidades diversas, incluso en piedras relativamente blandas ya que sus orígenes deben ser muy variados, pero por la forma y desgaste no hay duda sobre su función[15] y algunos muestran haber sido

[15] D. Schávelzon, Op. Cit, 1991, pág. 246 y 1994, pág. 30.

intensamente usados, a tal grado que cuando fue imposible manejarlos de un lado se pasó a desgastar el otro. Este tipo de objetos abre puertas a preguntas interesantes sobre la continuidad de la molienda del maíz en las casas; cabe destacarse que nunca hemos encontrado la parte de abajo de moler en forma horizontal. Esto a excepción de los morteros blancos, que en diversos tamaños estandarizados se usaron para la farmacia, y es habitual que tengan un pico saliente en cada cara; en estos casos las manos eran de madera o incluso de cerámica ya que se trataba de triturar productos delicados.

Habría que citar aquí a las boleadoras, objeto omnipresente en las pampas[16]. Al menos hasta la fecha no ha sido reportada ninguna dentro del área urbana de Buenos Aires, a excepción de un hallazgo muy antiguo hecho por Ambrosetti en 1905 al excavar en el patio de la Casa Rosada y cuya cronología parece ser prehispánica.

Esta baja presencia nos puede hacer parecer que la presencia de estas piedras sea poco común pero podría no ser así; los documentos hablan por sí solos: ante una posible invasión de piratas franceses en el siglo XVII los jesuitas mandaron dos mil indios armados, de los cuales los quinientos de infantería:

> "venían armados con hondas y piedras para las mismas, a razón de doscientas (piedras) para cada uno. Los indios de las misiones eran muy diestros en el uso de esta arma y seguramente hubiesen dado buena cuenta de sí mismos"[17].

[16] Alberto Rex González, La boleadora: sus áreas de dispersión y tipos, *Revista del Museo de La Plata*, tomo IV, nueva serie, pp. 132-292, La Plata, 1953.
[17] Rafael Demaría, Op. Cit. pág. 82.

Tendríamos que citar aunque no podamos aportar mucha información, el hallazgo de algunas puntas de flecha de piedra tallada. Por desgracia nunca se encontró una en contexto lo que sería de gran interés para la ciudad. En las excavaciones en Flores se encontró una en un contexto de una demolición de una obra de infraestructura sanitaria del siglo XX, hecha de hormigón. Si ésta vino con la arena o el pedregullo, o si fue un descarte o pérdida de un coleccionista, es imposible saberlo y la cantidad de posibilidades es infinita. Lo interesante es que allí estaba[18].

36-37. Dos manos de moler maíz con desgastes diferentes para trabajar de maneras distintas; una quebrada en los extremos (excavación de Defensa 755.) la otra proveniente del pozo de los Dominicos (excavación de Michelangelo)

Piedras de molienda

La llegada de la tradición española para moler cereales, en especial trigo en grandes cantidades para fabricar pan, trajo el molino y con él las piedras de moler o *muelas*. El sistema es simple y las *Actas del Cabildo de Buenos Aires* hablan

[18] Agradezco el dato a Ulises Camino.

38-39. Arriba. Mortero vertical tallado en piedra en el Museo Pueyrredón que se atribuye al edificio. Abajo. Mortero completo de pequeñas dimensiones encontrado en la barrancas de San Isidro cerca de la iglesia (cortesía Museo Pueyrredón)

40-41. Bola de boleadora excavada en la casa de la infancia de Juan D. Perón (cortesía A. Igareta), mortero vertical de tradición africana tallado en piedra (Museo de Chascomús)

de la existencia de panaderos desde el siglo XVII. El sistema se basa en al menos dos grandes piedras redondas y planas que, al girar, muelen el grano. Estas piedras poseen estrías en su superficie y un pequeño declive hacia el exterior en la piedra de abajo, de tal forma que los granos enteros caen por un agujero central -que se usa a su vez para hacer girar la piedra superior-, y cuando es transformado en harina esta cae por esos pequeños surcos. Habitualmente miden entre un metro y hasta cinco como en los grandes molinos. Son piedras pesadas, duras, hechas para funcionar por siglos, aunque necesitan que de manera constante se retoquen los pequeños canales o estrías por los que la harina cae hacia fuera. Estos arreglos menores pero constantes se hacen con un martillo especial, que tiene los dos extremos en punta y la parte superior curva. Hay casos en que ha habido tres y cuatro de estas piedras girando a la vez. La energía se obtenía de mulas, agua o viento, pero en la ciudad lo habitual han sido las moliendas con mulas.

42. Piedra de moler, regalo de Juan Manuel de Rosas en 1837 al gobernador de Jujuy, Pablo Alemán y que quedó en Buenos Aires por la muerte de Quiroga (Museo Histórico Nacional)

Picdras para lavar ropa

La piedra de lavar puede sonar extraña a un habitante de Buenos Aires, más acostumbrado a la antigua tabla de madera de nuestras abuelas, pero aun en América Latina es un objeto habitual en toda casa, no importando el nivel social. Se trataba de una piedra grande, de cualquier tipo aunque se prefieren las graníticas, que tenga al menos una cara plana no importando la irregularidad del resto. En todo el continente se siguen usando y comprar una casa hoy en día implica adquirir esa piedra ubicada a un lado de la pileta de lavar ropa, aunque haya lavarropas automático. Por lo general tienen al menos 30

43. Piedra de moler papel al inaugurar la planta de Celulosa Argentina en 1929

cm de lado y a veces un poco más. Su uso es simple consistiendo en el lugar donde se golpea la ropa y se la apoya para fregarla. Hay varios casos posibles de hallazgos de estas piedras, pero al menos hay una que creemos que es posible identificarla como tal: en la calle Defensa 751 se encontró una de esta forma ubicada a un lado de uno de los aljibes del patio trasero, pero estratigráficamente a la altura que tenía el piso del arroyo, el Tercero del Sur, en el siglo XVIII.

Piedras de afilar

Este tipo de objeto era común de todo tipo de contexto, especialmente doméstico, por lo habitual para el uso en cu-

44-45. Piedra de lavar ubicada a la derecha del aljibe compartido, en un nivel más profundo que corresponde al antiguo arroyo local (Defensa 751-55)

chillo, hachas, picos y palas entre otras herramientas. Fueron muy comunes en el siglo XIX por su accesibilidad y bajo costo, aunque las hubo desde mucho antes; eran buscadas especialmente con granos finos para filos diversos y podían ser usadas secas o húmedas. Una sola excavación en Palermo, la antigua Usina, nos dio más de veinte ejemplos industriales y en muchas otras hubo al menos un ejemplar o fragmento. Eran descartadas por su rotura ya que el uso constante las desgastaba al centro hasta que se partían. Las medidas habituales no superan los 25 cm de largo, habiéndolas de forma rectangular, ovalada e incluso cilíndrica.

Antes de que se industrializaran en los inicios del siglo XIX se usó cualquier tipo de piedra de grano fino y homogéneo; la descripción del interior del Caserón de Rosas en 1853 que hizo la viajera suiza Linna Beck-Bernard[19], cuando lo ocupaban las tropas de Urquiza, detalla que "han destrozado las

[19] Lina Beck-Bernard, *Cinco años en la Confederación Argentina, 1857-1862* Talleres de la Imprenta Legislativa de Santa Fe, 1991.

hermosas chimeneas de mármol blanco" para afilar los sables. Es habitual encontrar grandes piedras en sitios coloniales que fueron usados para afilar cuchillos de la misma manera que en tiempos más antiguos se afilaban las hachas de piedra, dejando surcos hendidos sobre la superficie.

46. Columna rectangular en San Ignacio Miní; mientras estuvo caída fue usada para afilar hachas

47-48. Piedra con fuertes desgastes por el afilado de cuchillos, proveniente del pozo de basura de la familia Alfaro en San Isidro, fechado hacia 1830-50

Litografía e impresión gráfica

La posibilidad de grabar dibujos sobre piedras extremadamente lisas y usarlas para imprimir -la litografía-, fue un gran invento del siglo XIX temprano. Tenía la ventaja que las piedras luego de usadas se volvían a pulir y se seguían usando hasta su desgaste total. Hemos encontrado sólo un fragmento en la ciudad pese a ser comunes entre los anticuarios, pero quiero citar un extraño mármol blanco con forma irregular, que tiene en ambas caras círculos en bajorrelieve con figuras humanas en su interior, encontrado en superficie en Palermo, posiblemente usado para estampar figuritas infantiles o algún otro motivo similar. Por la forma suponemos que lo que se usó fue un fragmento de un inodoro a la turca con su agujero central.

49. Fragmento de piedra con grabados en bajo relieve para imprimir con pintura roja, posible juego infantil. Se usó mármol de un inodoro a la turca; hallado en el Sitio 1 de Palermo (cortesía Pablo López Coda)

50-51. Dos ejemplos de piedras de litografiar y el equipo usado para esa tarea (Museo de la Cerámica, Stoke on Trent, Gran Bretaña)

Piedras para ventanas

La falta de vidrios en la ciudad fue crucial hasta casi finales del siglo XVIII, época en que aun eran un lujo. Esto llevó a adoptar un sistema peculiar proveniente de Perú, para cerrar ventanas con piedras traslúcidas, en especial la llamada *Piedra de Huamanga*, y en forma moderna y habitual, ónix. Se trata de grandes bloques de color amarillento que se cortaban en forma rectangular y delgada y se colocaban directamente en lugar de los vidrios. Quedan excelentes ejemplos en la iglesia del Pilar, en San Ignacio y en las escaleras del convento de Santa Catalina. El padre Gervasoni escribió en 1729:

> "No se encuentran vidrios a no ser que se traigan de Europa. Han hallado cierta piedra transparente, que convirtiéndola en láminas dan la misma luz que el papel encerado y tal vez más claro aun. Yo la he visto en uso en la iglesia de los padres Calzados de la Reforma, llamados vulgarmente Recoletos, y se pondrá también en las ventanas de nuestra iglesia"[20].

Usos mágicos, medicinales y adivinatorios

La presencia en la ciudad de rituales religiosos no católicos, en especial por los grupos afro-porteños ya ha sido discutida en la bibliografía, y algunos hallazgos de piedras pulidas redondeadas, al igual que se hacía con vidrios, huesos y otros materiales, parecen poder asumirse como las evidencias

[20] Guillermo Furlong, *Los Jesuitas y la cultura rioplatense*, Ediciones Biblos, Secretaria de Cultura de la Nación, Buenos Aires, 1994.

materiales de esas actividades en trabajos adivinatorios y medicinales de diversa índole. Los hallados poseen mucho desgaste, marcas de haber estado rodando y con pequeños golpes en la superficie, a veces cubiertos con pigmento de color rojo. Se trata generalmente de cantos rodados de origen foráneo que debían elegirse por el color y forma; la mayor parte en esta ciudad han sido ligeramente ovalados[21].

52. Piedra asociada a rituales afro-argentinos proveniente de la excavación de la Casa Ezcurra, Alsina 433

[21] Daniel Schávelzon, op. cit., 2003.

La mica: del uso funerario a la electricidad

La mica es un tipo de mineral especial que pertenece a los silicatos de alúmina, de hierro, de calcio o de magnesio y se caracteriza por su fácil exfoliación en láminas muy delgadas, traslúcidas y brillantes. Generalmente se las encuentra en las rocas ígneas tales como el granito y en rocas metamórficas como el esquisto o formando vetas dentro de otras rocas duras. Las láminas en que se extrae alcanzan grandes dimensiones y son perfectamente planas. Su transparencia y brillo siempre llamó la atención, el problema era su extrema fragilidad.

Durante los siglos XVI al XVIII tuvo muy pocos usos, pero el más común ha sido el funerario: las monjas encargadas de los entierros cortaban flores de ellas, que formando racimos se cosían a las mortajas de quienes tenía el dinero para pagarlo[22]. Hay ejemplos de grupos de flores enteras en el Museo Etnográfico de Santa Fe provenientes de Cayastá y hemos hallado fragmentos al excavar en la basura de Santa Catalina de Sena y en tumbas en el atrio de San Ignacio, ambas en Buenos Aires.

En el siglo XIX se descubrió una propiedad nueva para este producto tan bello e inútil: era absolutamente aislante de la electricidad por lo que rápidamente fue utilizado con ese propósito: impedir el paso de la corriente eléctrica en maquinarias, radios, los primeros televisores y hasta en las planchas. Su uso fue habitual hasta que los nuevos plásticos la desplazaron en la década de 1960 y la dejaron inutilizada como materia primera, habiendo hoy en día miles de canteras abandonadas en el mundo entero.

---

[22] Kathleen Deagan, *Artifacts of the spanish colonies of Florida and the Caribbean 1500-1800*, vol. II, Smithsonian Institution Press, Washington, 2002.

53. Hojas de mica encontradas en el aljibe de la Casa Ezcurra, Alsina 433, finales del siglo XIX

Las piedras para sobar cuero

Si bien es una tradición poco urbana, como lo era el trabajo del cuero en general, también en la ciudad se han hallado piedras usadas para sobar cueros. Se trata de piedras alargadas con una superficie aplanada por desgaste y otra más alta para agrarra con la mano, de grano medio, poco trabajadas, aunque con forma tendiente a la ovalada que presentan en sus caras un desgaste superficial por pulido. A veces identificarlas no es fácil a la simple mirada, o separarlas de las usadas para afilar cuchillos, pero el tipo de desgaste el claramente diferente ya que tiende, como mano de mortero, a desgastarse más en los bordes. Incluso en muchos casos conservan grasa en los poros de la piedra. Por lo general la abrasión es pareja y no tienen rayas de filos cortantes.

54. Piedra usada para sobar cueros, excavada en Benavídez. Aun conserva acumulación de grasa sobre su superficie

Las cosas que fueron piedras

Quizás el trabajo más importante en las canteras desde la colonia a la actualidad no haya sido para sacar piedras como las descritas anteriormente, si no para darles otro uso: quemarlas o molerlas. Para el primer caso valga la producción de cal, resultado de la cochuración de piedra caliza, elemento sin el cual es complejo unir piedras entre sí para la construcción, o ladrillos. Es decir, toda la ciudad es de piedras o minerales procesados.

La cal se obtiene desde tiempos en extremo antiguos, los pueblos de América lo hacían y los europeos también y, con pocos cambios se siguió haciendo: se extraían los bloques de mayor o menor tamaño ya que es un tipo de piedra blanda, se la quemaba en atmósferas oxidantes o reductoras según la época, y eso que quedaba ya era cal viva simple y lista para ser usada. Pero no por venderse en polvo debemos dejar de pensar que toda construcción hecha con cal no es el resultado de la extracción de piedras en canteras, aunque ahora ya no las veamos de esa forma.

La lista en este caso sería enorme ya que muchísimos polvos se obtienen de la piedra: otro ejemplo es el azufre y por ende la mezcla con potasio que es la pólvora, es quizás la más a común. Su evidencia arqueológica no es mucha aunque sí hemos hallado al menos un pequeño barril con ella en la Casa Alfaro en San Isidro, al fondo del pozo de descarte y que el agua consolidó y conservó. La pólvora también está presente por evidencias secundarias como son las armas, las piedras de chispa y las municiones, todos objetos habituales en la arqueología. Porque desde el talco hasta el polvo de esmeril fueron piedras que hubo que sacar de canteras y molerlas, a su vez con otras piedras, las de molino al menos hasta que se las reemplazó por hierro. Y el feldespato, parte fundamental de la cerámica industrial, también se obtiene de minas que antiguamente era común que estuvieran asociadas a la explotación de la mica.

Una lista, divertida si no fuera porque es realmente seria, la ha difundido el investigador Dr. José Sellés Martínez, demostrando que el baño del gato, las "piedritas" son sepiolitas y bentonitas; la tiza es caliza, yeso y pigmentos minerales, una bicicleta es hierro, barita y níquel y así sucesivamente con docenas de productos que llegan hasta un automóvil.

Las piedras que no sabemos para qué eran

Ha habido hallazgos en la ciudad, como sucede siempre en la arqueología, en que la adscripción funcional es en extremo compleja de hacer o simplemente imposible. Hay cosas que están allí y quizás jamás sepamos porqué estaban. Valgan algunos ejemplos: al trabajar en la Imprenta Coni, de la segunda mitad del siglo XIX, encontramos en un aljibe una gran piedra redondeada cuya mitad estaba manchada de tinta. Si bien es lógica la presencia de tinta en una imprenta, desconocemos cuál pudo ser la función de la piedra ¿simplemente servía de peso para que no se volaran las hojas?, la imaginación no tiene límites.

Otro caso en el extremo opuesto del tiempo, fue un importante conjunto de piedras encontradas en el pozo de basura excavado de la entrada del Museo Etnográfico (Moreno 350) y fechado para 1620-50. Ese pozo tenía en su fondo una docena de grandes cantos rodados para una época en que aun no se usaban para las calles, por lo que desconocemos su función[23].

[23] Daniel Schávelzon, Descripción del material arqueológico excavado en el jardín del Museo Etnográfico, ponencia en el *XI Congreso Nacional de Arqueología Argentina*, San Rafael, 26 de mayo 1994.

55. Piedra redondeada manchada con tinta negra proveniente de la excavación de un pozo de descarte de la Imprenta Coni

Lo citado nos ayuda a entender que el trabajo lítico es una muy antigua tradición europea que nunca desapareció, que las piedras se usaron para una variada cantidad de funciones de las que algunas hoy nos son complejas de entender. Esa costumbre llegó a América en el siglo XVI donde vivió muchas vicisitudes: o se mantuvo, o se mezcló de diversas formas con otras indígenas preexistentes, o por su escasez dejaron de usarse con ese propósito siendo reemplazadas por otros materiales o desapareciendo simplemente la necesidad, cualquier haya sido; valga el caso de la construcción, pasando de una tierra en que era tan común hacer muros de piedra a fabricarlas primero de tapia, luego de adobe y hasta ahora de ladrillos.

56. Canto rodado granítico abandonado en la calle Pueyrredón por la dificultad de moverlo

Herramientas y técnicas de obtención y tallado

La piedra, dada su dureza, es necesario extraerla y/o trabajarla con métodos e instrumentos muchas veces agresivos, los que dejan su impronta. Si bien en tiempos prehispánicos se prefirió la recolección de clastos y su traslado a las zonas de uso, con o sin trabajo previo en el lugar. En tiempos históricos y luego en los de globalización industrial se optó por las canteras, también con o sin trabajo local y luego la exportación o traslado. Por supuesto el pulido o el retrabajo pueden alterar o borrar estas marcas de origen, pero como siempre fue habitual no hacer trabajos inútiles, por lo general las partes no visibles muestran las evidencias de las herramientas utilizadas tanto para extraerlas como para trabajarlas posteriormente.

En primer lugar la extracción: si bien hay piedras de simple recolección como son los cantos rodados, por lo general son piedras de canteras. Para sacarlas era necesario romper bloques para lo cual se utilizaban dos técnicas: mediante perforación y palanca o tarugo de madera húmeda, o mecánicamente con picos, cortafierros y mazas de hierro. En las piedras calizas, las pizarras, mármoles y otras blandas hay trabajos posteriores en la cantera misma que también dejan sus marcas, como el aserrado desde el siglo XVIII, el martelinado o el trabajo con cincel o martillo plano. Todo esto deja marcas claras en las caras posteriores o laterales que no se disimulan.

El labrado después de la extracción se hacía habitualmente con tres niveles de herramientas: los más bruscos e incontrolables son el pico de mango corto y el martillo plano, estos permiten simplemente romper la piedra; el punzón y el cincel ancho permiten perforar, quitar o cortar salientes para rebajar superficies; la martelina, la bujarda y los cinceles chicos dan terminación más cuidada a las superficies. Por supuesto queda el pulido que nunca se hace en la cantera[24]. Para las piedras tipo pizarra es común el uso de martillos de madera, incluso de enorme tamaño, para separar las lajas paralelas e iguales[25].

---

[24] Otto Frick, *Construcción en piedra y en ladrillo*, Ediciones Labor, Barcelona, 1953.

[25] Merfyn Williams, *The slate industry, an history of the extraction, processing and transport of slate in Britain*, Shire Publications, Pembrokshire, 1988.

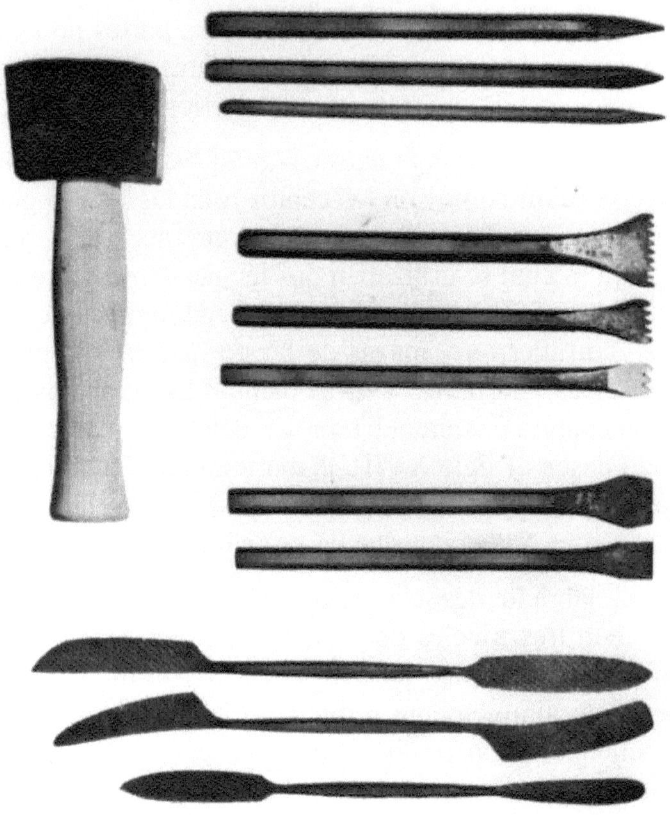

57. Herramientas usadas para el trabajo de la piedra (según O. Frick 1953, lam. 1)

Cada herramienta deja una marca especial, los cinceles muestran su ancho y las martelinas dejan estriados finos paralelos, los martillos planos y los cinceles anchos dejan marcas tipo "hacha" pequeña tanto en profundidad como en superficie; la bujarda permite obtener un grano fino y parejo en las piedras duras, los picos rompen pero se clavan en la piedra, el taladro perfora y deja marcas cónicas y sinusoidales. Para el pulido se usaban maderas en forma de disco cubiertas de cueros totalmente mojados o con polvo de esmeril para ser más agresivo; desde mitad del siglo XIX las máquinas fueron reemplazando la mano de obra: sierras eléctricas o a vapor, cepilladoras y pulidoras. La industria del enchapado se desarrolló en la medida en que las sierras permitieron trabajar con seguridad y en gran tamaño, desde el siglo XVIII hasta el siglo XIX medio en que se establecieron los sistemas aun existentes.

58-59. Herramientas y técnicas para separar lajas de pizarra en Inglaterra hacia 1880 (Foto: M. Williams 1998) y ejemplo del martillo redondo de madera proveniente de Tandil

Los taladros son parte del instrumental elemental para trabajar la piedra en todas sus formas. Los más antiguos, que se remontan hasta los egipcios y llenan los museos de Occidente, eran de punta de hierro, cuerpo de madera, y un hilo o soga sostenido por dos personas que los hacía girar para perforar cualquier cosa. Por supuesto había menores, para simplemente girar al frotarse las manos, hasta pesadas estructuras movidas por varias personas. Dejan marcas muy especiales ya que la mecha perforadora generalmente era sinusoidal, para penetrar como tornillo y no sólo por desgaste; no siempre se pulían esas marcas y su regularidad o irregularidad nos habla del tipo de taladro usado.

Otro detalle que no pasa desapercibido es el de las marcas de las sierras ya que la manual siempre es irregular, dejando pasos o marcas de su corte de diferentes anchos y profundidades: más grandes al hacer más fuerza y otros menores generalmente al retirarla; cuando la sierra era de gran tamaño y usada por dos personas las marcas son paralelas entre sí, cuando el corte es de una sola mano como con el serrucho, las marcas tienden a hacerse curvas ya que es más duro cortar el centro que los bordes al igual que al aserrar un madera o un hueso; esto también está en función de la forma y peso de la sierra. Teniendo las fechas aproximadas de los cambios tecnológicos es posible tener cronologías aproximadas. Pero hay que tener en cuenta que la observación detallada de las técnicas de trabajo es importante aunque no sea un marcador absoluto, ya que en nuestro medio es habitual la convivencia de técnicas de diferente cronología o al menos de diferente tecnología incluso en la misma pieza. La llegada de la sierra de dos manos es antigua, no sabemos siquiera si incluso las usaban los marineros en el siglo XVI, pero para inicios del XIX figuran ya las de mano entre los objetos que tenía incluso el gaucho más pobre para cortar leña.

60. Marcas de sierra manual; nótese la diferencia entre los surcos, excavación Defensa 751-55

61. Marcas de martelinado en un piletón de piedra excavado bajo el Teatro Colón

62. Trabajo con martillo en el borde de mármol sacando lascas romboidales, la inscripción es original (excavación Pórtico de la Recoleta)

63-64. Martillos de hierro y madera usados por canteros de la provincia de Buenos Aires (1870-1950)

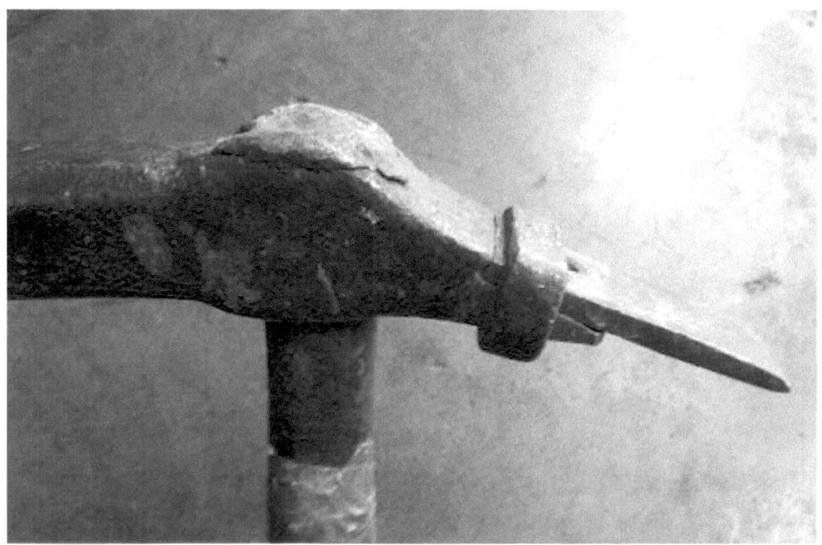

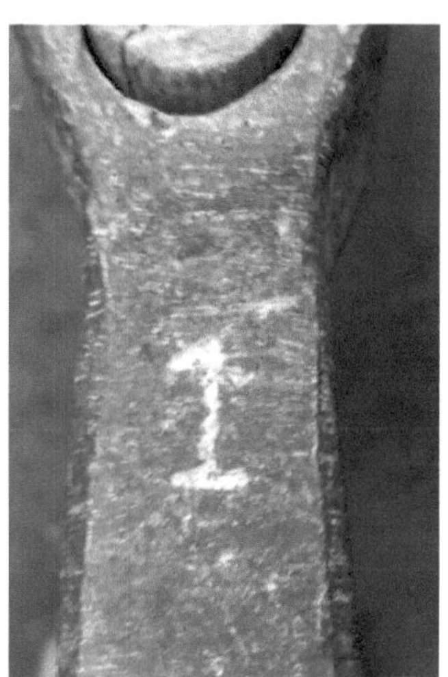

65-66. Martillo reparado con la hoja de hierro de un cepillo para madera con mango metálico unido a golpes y otro con un número grabado, hallados en una cantera de Tandil (2001).

Valgan de ejemplo los mármoles provenientes de Carrara, en Italia, que llegaban en grandes bloques, luego eran cortados con sierras (a veces venían en planchas para escalones y zócalos), pero el detalle, la terminación y el ajuste se hacía en la obra. Es decir que se acomodaba la pieza al lugar mediante un simple martillado en el lado sobrante, de tal manera de quebrar lascas alargadas y romboidales; así se hacía una y otra hilera para sacar el sobrante; las marcas quedaban luego disimuladas en la unión a la pared, debajo del zócalo o alguna otra solución de momento. Hemos encontrado docenas de estos casos: superficies tersas por el pulido pero en los bordes empotrados la terminación es burda y hecha con martillo, tal el caso de los escalones del pórtico de la Recoleta.

Piedras de chispa del fuerte de Buenos Aires (obras en la ex Aduana Taylor)

Durante los años 1983 y 1984 se hizo una gran excavación y trabajos de arquitectura en lo que era el Museo de Casa de Gobierno, con el objeto de abrir el antiguo Patio de Maniobras hecho por Eduardo Taylor en 1855 y dejarlo como una nueva área de uso potencial. De esa manera el museo se ampliaba en lo que se suponía que sería un gran patio de exhibiciones. No vamos a entrar en detalles de esa obra salvaje y destructiva porque otros ya lo han hecho y los medios de comunicación desde ese momento hasta 1987, en que se terminó, publicaron docenas de artículos. Con el final del gobierno militar y el inicio de la democracia se descartó el proyecto que estaba en proceso, se lo rehizo en su totalidad, aunque de todas formas los grandes errores ya estaban cometidos. Varios de ellos fueron denunciados por Marcelo Magadán en un trabajo pionero de arqueología de la arquitectura. El fue testigo de cómo se levantó el piso de lajas de Hamburgo que aun estaba entero, dejándose nada más que un sector de ellas y otras acciones destructivas de ese tenor[26].

---

[26] Marcelo Magadán, Un caso de arqueología arquitectónica: la Aduana de Taylor, *Summa* no. 229, pp. 30-35, Buenos Aires, 1986.

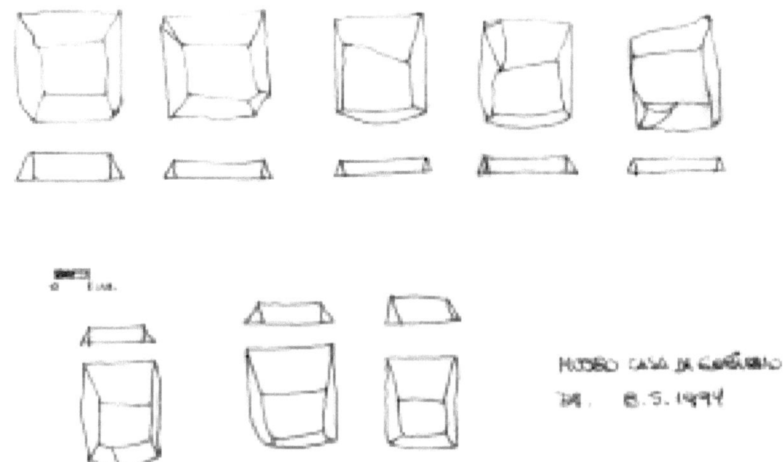

67. Colección de piedras de chispa francesas sin uso del Museo de la Casa de Gobierno, proveniente de la excavación de la Aduana Taylor

En esos trabajos se hallaron cientos de objetos que diariamente iban a parar a la basura o a las manos de un par de anticuarios conectados con la empresa contratista y obviamente no permitían el ingreso de nadie interesado en el tema. Por suerte un curador del Museo guardó un conjunto de objetos en dos cajas las que permanecieron por años arrumbadas. Durante el año 1994 las ubicamos y fue posible limpiar los objetos y hacer dos vitrinas para su exhibición que permanecieron allí largo tiempo. Demás está decir que poco después de su reinauguración, sólo una semana, al regresar a tomar fotos con un equipo de iluminación de mayor calidad, parte de la colección había desaparecido de las vitrinas, las que fueron arregladas para que nada se notase. De algunos objetos sólo se salvaron las notas que habíamos tomado en ese momento[27].

[27] Este trabajo se hizo con la colaboración de Pablo López Coda, a quien agradecemos.

68. Piedras de chispa inglesas, descartadas, excavadas en el pozo de basura de la Casa Alfaro en San Isidro

Entre los diversos objetos hallados había un conjunto interesante de piedras de chispa, quince en total, de las cuales doce de ellas mostraban que no habían sido usadas; para ese momento de la arqueología histórica era un hallazgo único. De todas formas no resulta extraño ya que un Fuerte, eso era el lugar antes de ser Casa de Gobierno, es el sitio indicado para encontrar este tipo de objetos. Lo que sí llamó la atención es que habían sido descartadas juntas y la mayoría sin uso; esto podría tener como explicación -hipotética obviamente-, el que la construcción de la Aduana coincidió con el abandono del tipo de armas de fuego que necesitaban piedras de chispa para encender la pólvora. Las nuevas armas las estaban reemplazando por lo que en algún momento, sea mientras se hacía la Aduana o en los rellenos que la cubrieron con su demolición en 1894-97se descartaron. a información suministrada por un trabajador es que estaban todas juntas, que eran "muchas más" pero fueron entregadas a un comerciante de San Telmo. Es posible entonces que lo que se haya descartado haya sido un barril entero de esos llamados *cuñetes*.

69. Chispero inglés de borde triangular, color negro, con evidencia de uso, de la excavación de San Lorenzo y Defensa

Recordemos que su descarte fue enorme en casas de familia y sitios públicos, no sólo porque su uso estándar es de unos diez disparos y luego quedan inutilizadas, sino también por la cantidad existente de este tipo de objetos en la ciudad. Ya hemos publicado documentos de compra de hasta dos millones de piedras de chispa por los ejércitos de la independencia[28].

[28] Daniel Schávelzon, Op. Cit, 1991.

70. Piedra de chispa sin evidencias de uso con manchas claras en el negro, de la casa de Josefa Ezcurra

La bibliografía sobre este tema es enorme y en nuestro país hay al menos un buen libro sobre el tema[29], más aun es importante la documentación de archivo, los manuales de artillería del siglo XIX son accesibles y describen bien su uso. Hay algunos ejemplos que son interesantes: podemos recordar cuando llegaron en 1812 "trescientos sesenta y dos mil piedras de chispa de suprema calidad"; o más tarde en un bergantín inglés de 1815 arribaron "12 barricas de piedras de chispa", o desde Nueva York otro barco con "doce barriles con 318.000 piedras de chispa para fusil" o al año siguiente un envío, de entre tantos, conteniendo "52 cuñetes de piedras de chispa". Era tal la cantidad de estas piedras que al hacerse un inventario en el Parque de Artillería de Buenos Aires había "1.505.612

[29] Rafael Demaría, *Historia de las armas de fuego en la Argentina*, Ediciones Cabargón, Buenos Aires, 1978.

piedras de carabina; 1.146.484 de fusil y 585.700 de pistola, además de 15.800 de pistola de bolsillo"[30]. La comprensión de la dimensión del consumo de este tipo de objetos nos aclara el porqué de su alta presencia en los sitios históricos; eran objetos que se desgastaban rápidamente ya que es raro que resistieran, en la mejor calidad, más de una docena de disparos sin comenzar a fallar.

71. Chispero inglés de talón ancho con mucho desgaste en ambas caras, proveniente de Benavídez

[30] Ídem, pp. 239 y 247.

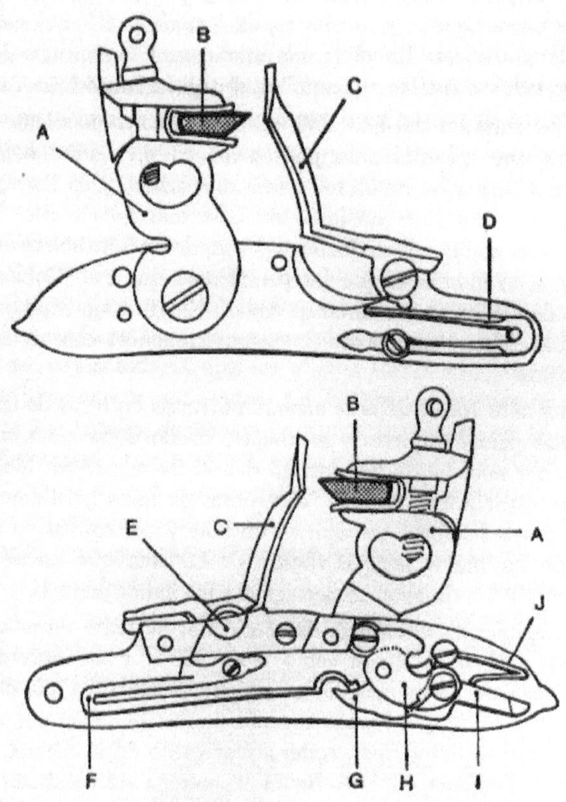

Diagrama de la llave de chispa.

Llave de chispa:* A) *pie de gato;* B) *piedra de chispa;* C) *rastrillo y cubrecazoleta;* D) *muelle del rastrillo;* E) *cazoleta;* F) *muelle real;* G) *nuez;* H) *brida de la nuez;* I) *fiador;* J) *muelle del fiador.

72. Colocación de la piedra de chispa en el arma según Rafael Demaría (1978, pag. 87)

Por otra parte se ha terminado la larga polémica nacional que los consideraba raspadores indígenas u objetos inexplicables y antiquísimos, cuando una visita a los museos históricos muestra estos chisperos puestos aun en las armas. Resulta interesante que la tradición arqueológica ha considera-

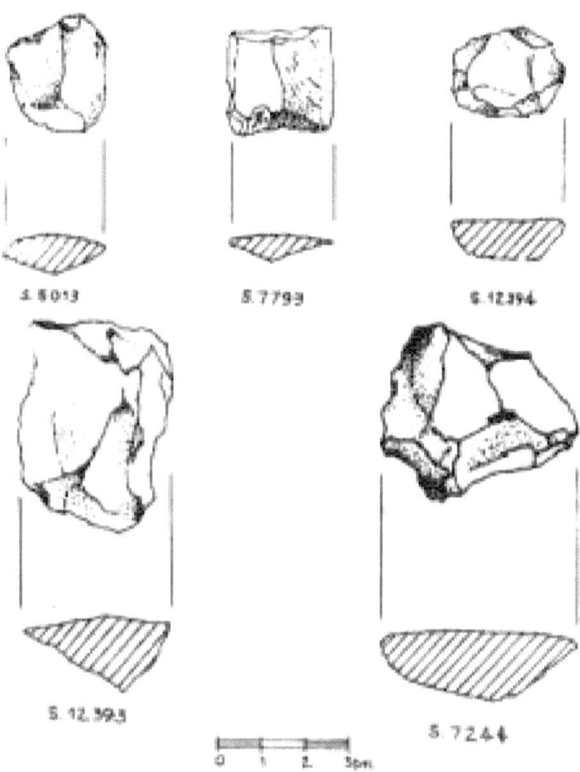

73. Piedras de chispa, conjunto excavado en Defensa 751-55, publicación original de 1991

do que el trabajo de la lítica fuese sólo indígena y no también europeo. Más allá de la ceguera de quien camina por Buenos Aires y no ve que las calles son -o eran- de adoquines y los cordones de las veredas de piedra tallada y que a los que los rebajan se los llaman aun *pica pica*. Sólo hubo referencias concretas en un primer libro editado en 1991 y presentamos ejemplos concretos de lo hallado en 1986 en San Telmo[31], parecería

[31] Los primeros provienen de la excavación de la calle Defensa 751-55 hecha en 1986-87.

que la arqueología ha partido de la misma presunción que la historia documental: como no hay piedras en el subsuelo de Buenos Aires no hay objetos hechos de piedra. Es por eso que siempre resulta interesante mostrar conjuntos de objetos de este tipo, aunque no tengan un contexto claro como es este caso.

74. Primer conjunto identificado en 1986 como chisperos, en San Telmo (Defensa 751-55. Nótese la diferencia de tamaño entre las de fusil y las de pistola; la primera proviene de Francia, el resto son inglesas, la del centro se descartó sin haber sido usada

Estos pequeños objetos han sido un rompecabezas para la arqueología prehistórica ya que es común ver en la bibliografía que se las confundía con raspadores indígenas. Lógicamente resultaba casi imposible aceptar que, valga el ejemplo simple, un soldado del ejército de San Martín en plena batalla, tenía que hacer retoques a un pequeño sílex para poder mantenerse en la lucha. Estos pedernales o piedras de chispa, o chisperos, ya que toman todos esos nombres, fueron comunes en cualquier sitio en que hubiera armas de fuego o asentamientos europeos casi desde la fundación de la ciudad. Luego pasaron a manos indígenas, criollas y todos los grupos sociales las usaron; si dejaron su impronta en los retoques para mantenerlos en uso -ya que posiblemente en su totalidad vinieron terminados de Europa-, es tema abierto a la investigación y la bibliografía presenta casos interesantes. Aquí hay amplias colecciones en los museos aun sin estudiar, pese a lo interesante que resulta estar aun asociadas a cierto de tipo de armas.

Existen chisperos incluidos en tres grandes tradiciones que vemos reflejadas localmente: desde el siglo XVI en que comenzaron a usarse la proveniencia era incierta e irregular llegando de diversas fuentes, algunas lejanas como eran Albania o Dinamarca, o de donde hubiera el mineral accesible en Europa central sin necesidad de grandes canteras como sí se hizo desde el siglo XVIII. Las primeras en sistematizarse para la exportación masiva fueron las francesas hacia 1770 y luego, en los inicios del siglo XIX, las inglesas en especial en Brandom. Estas, las franceses y luego las de Inglaterra, borraron todo resto de otras industrias menores a velocidad inusitada. Si bien los materiales silíceos son diferentes en color y manera de trabajo, sus formas son también diferentes; la bibliografía las identifica habitualmente como de tres formas: 1) cuña (*flake*), 2) escama (*spall*) y 3) hoja de afeitar (*blade*); sus colores son variados y hay numerosa bibliografía para identificarlas.

En general las francesas son irregulares, tienen el talón redondeado y corto, mostrando múltiples golpes unifaciales, son de sílex de color amarillento y desde 1800 tienden a ser cada vez más cuadradas; las inglesas en cambio son oscuras, casi negras o grises, rectangulares, parejas y con los lados bien paralelos, casi sin retoques ya que el talón se hacía de un solo golpe[32]. De manera muy reciente ha habido revisiones de la cronología de Witthoft y de la proveniencia de algunos tipos de estas piedras, pero no parece afectar lo hallado en Buenos Aires[33].

75. Chisperos provenientes de Francia excavados en Michelangelo con uso extremo

[32] Hamilton, T. M. y Kenneth Emery, *Eighteenth Century gunflints from Fort Michilimackinac and other colonial sites*; Archaeological Completion Reports Series, no. 13, Mackinac Island State Park Commission, Michigan, 1988; Merfyn Williams, *The slate industry, an history of the extraction, processing and transport of slate in Britain*, Shire Publications, Pembrokshire, 1988; John Whitthoft, A history of gunflints, *Pennsylvania Archaeologist* vol. 36, nos. 1-2, pp. 12-49, 1966.

[33] Jeffrey J. Durst, *Sourcing gunflints to their country of manufacture*, *Historical Archaeology* vol. 43, no. 2, pp. 18-29, 2009.

Las piedras de chispa miden en su mayoría entre 2 y 3 cm en su superficie mayor y tienen cerca de 5 mm de espesor, la cara plana es la de arriba y el lado largo y con más punta es donde se produce el golpe para la chispa, provocando lascados que deterioran al objeto hasta hacerlo inútil y a veces irreconocible. El uso se hace evidente ya que por lo general la piedra, una vez colocada en el arma y ajustada, tiende a golpear siempre en el mismo lugar, produciendo conos de fractura que van quedando uno dentro del otro hasta hacer inútil a la pieza. Si se quería mantenerla en uso había que moverla para lograr que golpeara en el otro extremo o saliente, y a veces darla vuelta, como era común con las inglesas y raramente con las francesas por que han sido fabricadas para ser usadas de un único lado.

76. Piedra de chispa francesa de la Imprenta Coni en que el talón muestra las curvas producidas por el golpe de manufactura, y los bordes han sido usados; la forma curva del frente es intencional

Es posible que haya habido producción de este tipo de objetos en algunos otros sitios fuera de Europa central, pero el tema aun está sin definir. Siguen siendo objetos que necesitan más estudios serios y metódicos. Sabemos, por documentos locales, de la existencia de ejemplos que en su tiempo eran llamados "españoles", vinieran de donde vinieran, pero que a veces eran identificados como diferentes a los demás. No hemos podido definirlos arqueológicamente si siquiera existen y casi no hay referencias bibliográficas internacionales, de todas formas parecen haber sido una minoría y desconocemos el sitio de manufactura o al menos en qué país las compraban los comerciantes españoles que las exportaban a América. Resulta interesante saber que una sola cantera, la de Brandon en Inglaterra, podía suministrar al comercio más de un millón de piedras al mes a inicios del siglo XIX.

Por otra parte un estudio a futuro podría mostrar la presencia de objetos de este tipo hechos por manos indígenas, ya que al igual que ha pasado en otros países se han encontrado algunas piedras que parecen ser de chispa, en contextos netamente indígenas o de frontera, resultado de tipos de trabajo que parecen ser no europeos[34]. Si esos objetos de producción local -lo hicieran quienes lo hicieran-, sirvieron o no y fueron o no eficientes, es otro tema, pero parecería que las fuentes de materiales de alta dureza para esto, en este continente, son mayores de lo antes pensado. Al menos las provenientes de Estados Unidos tienen características propias, en general son totalmente cuadradas y con el mismo trabajo en todos sus lados; sin duda el hacerlas de esa forma implicaba un esfuerzo productivo cuádruple, pero seguramente se las usaba para más tiros al aprovechar todos los lados y no sólo uno, porque su desgaste era muy rápido -no era realmente sílex-, o porque era más fácil girarla que reemplazarla. Pero son temas abiertos al estudio.

[34] M. Bednardz, Op. Cit, 2008.

En relación concreta a la colección del Museo de la Casa de Gobierno y Aduana de Taylor, podemos agregar que los chisperos que hemos podido observar en su momento eran quince, de ellos alcanzamos a dibujar ocho, siendo seis de origen francés, típicos de los usados para rifle, con un máximo de 3.2 centímetros de largo, bastante cuadrados, nuevas o casi nuevos. Los otros dos eran típicamente ingleses, de color gris muy oscuro, teniendo uno 3 y el otro 2.5 centímetros de largo máximo. Dos de los franceses sobrepasaban los 5 mm de alto de talón, todos las demás era menores. Sólo dos tenían evidencias de uso pero no de descarte por ese motivo, ya que no presentaban más que un par de golpes de disparos.

Resulta ahora interesante que las piedras de chispa encontradas en lo que fuera la Aduana, fueron las que usamos por primera vez para darles nombre a cada parte del objeto: tomando en cuenta su forma cuadrada o rectangular con un lado más afilado o agudo que el otro, y siguiendo las nomenclaturas ya existentes. Podemos asumir que la superficie mayor es la "plataforma" y que la base menor es precisamente la "base" ya que es donde se apoya en su agarre. Los chisperos eran habitualmente fijados mediante un tornillo pero la piedra en sí era envuelta en un cuero o tela gruesa para evitar que se movieran de su encastre una vez fijada. El extremo más alargado es la "cuña" o "punta" y el "talón" es el extremo romo, corto, casi vertical, los otros dos lados del paralelepípedo son los lados derecho e izquierdo. La posición normal es con la plataforma o base mayor hacia arriba, aunque por motivos de simplificación se la representa en gran parte de la bibliografía al revés, con la base arriba, ya que de esa manera en un único dibujo se muestra toda la pieza, salvo el perfil o corte transversal.

Conclusiones

Es habitual en la arqueología el atribuir los trabajos de lítica a los pueblos precolombinos, visión parcial ya que también caracterizó a la cultura europea y luego criolla. Llegó en el siglo XVI junto a nuevas formas de trabajo, con nuevos instrumentos para trabajar la piedra, nuevas formas a ser producidas y diversas tradiciones de trabajo; e incluso se sigue trabajando en canteras. Vale la pena leer u oír las diferentes tradiciones existentes en los sitios de la provincia de Buenos Aires, como Tandil u Olavarría, tan explotados por los canteros desde 1870 y más aun con la llegada del ferrocarril: desde los nombres de los instrumentos que seguían siendo los de origen en España o Italia a la manera de quebrar la roca o a trabajarla luego. En esas zonas el cincel ancho es el "escarpelo" (sic!), nombre de una localidad española en que se usaba, a la vez que significa raspar, pulir, cincelar.

La mundialización que se produjo con el inicio del período colonial hizo que fuese factible obtener piedras de una región en otra, incluso de un país o continente en otro, y que pueblos enteros de la provincia de Buenos Aires tuviesen sus veredas hechas con piedra proveniente de Alemania. La necesidad de traer lastre -qué mejor que las piedras-, dentro de las bodegas de los barcos que venían de Europa a cargar trigo o cueros, lo transformó en un buen negocio al descubrir que además podían venderlas aquí por toneladas.

Si bien hay objetos que son característicos en ambas épocas y regiones del mundo, sea América o Europa, como los morteros para moler, en los siglos de la colonia el tema es de una enorme variación; y así como continuaron usándose puntas de proyectil de piedra por varios siglos, se usó el vidrio para ser lascado como si fuera piedra; por otra parte, pisos, escaleras, calles, zócalos y hasta estatuas muestran su tallado y pulido hecho a mano, y sus desperdicios son lascas cuyas técnicas pueden ser estudiadas. Gracias a eso es posible hoy separar un chispero colonial de un raspador indígena, ambos confundidos por tanto tiempo.

Capítulo II

Rompiendo el cordón de la vereda. Un ejercicio de arqueología y observación

Quien camine por la ciudad verá que todas las cuadras tienen sus respectivos "cordones" de vereda. Nombre que no necesita definición por su obviedad, eran hasta hace veinte años de piedra y ahora se los reemplaza por el simple hormigón.

La observación de los cordones muestra que la mayor parte de ellos están rotos, entendiendo que han sido colocados por lo general hace más de un siglo, y que se los reusó una y otra vez. Pero entre todos los daños hay un tipo de quiebre que es el significativo, el más grande y el que más nos dice sobre el comportamiento de la sociedad que usaba las calles y veredas. Obviamente los orígenes de esas piedras, en su mayoría granito, es diverso y no está estudiado, pero al menos lo observado es que cambia la coloración pero el material es similar en la ciudad.

Se trata de un tipo de rotura "triangular", casi concoidal si esto fuese arqueología prehistórica, pero realmente siempre rompe en forma de largos triángulos. Esto indica que el golpe se produjo en la parte ancha lo que produjo la separación de una lasca que generalmente alcanza los 30 centímetros de largo. La homogeneidad de estas roturas, siempre en el canto expuesto -no hay roturas de otro tipo, salvo golpes o desgaste-, es lo que nos lleva a buscar alguna lógica de uso que haya producido este fenómeno. Lo observado es:

1. Las roturas son *triangulares*
2. Siempre en el ángulo expuesto del bloque de piedra
3. Se dan en cualquier lugar del borde
4. No hay golpes con rotura vertical si no sólo horizontales
5. En cada vereda en su mayoría siguen una dirección
6. Las "bajadas de cordón" por los "pica pica" para los estacionamientos, son por percusión de arriba hacia abajo con cortafierro de punta
7. Los hundimientos producidos por raíces o problemas de subsuelo o la humedad, producen quiebres verticales, el cordón se parte de manera recta de abajo hacia arriba y no hay lascados. En estos casos la observación muestra el efecto y la causa habitualmente juntos.
8. Hay algunos casos de roturas superpuestas o de desgaste sobre ellas, pero son observables e identificables cada una.

77. Variedad de carros que circulaban por la calle Callao hacia 1890, nótense el primer carro estacionado pegado al cordón (cortesía Biblioteca Manuel Gálvez)

La primera respuesta al problema es que las típicas roturas en escamas o lascas triangulares se deben a golpes producidos por el tránsito, ya que ninguna acción de la mano humana o la naturaleza puede romper la piedra de forma horizontal y eso lo demuestra la falta de golpes desde arriba. Son horizontales y eso nos lleva a suponer que son producto del tránsito vehicular. Cuando hay golpes diferentes son puntuales, producen saltados de la piedra, pequeñas roturas o fisuras.

78. Carro de caballos golpeando con la rueda el cordón de la vereda en la calle Santa Fe (cortesía Biblioteca Manuel Gálvez)

79. Carreta típica con ruedas de madera revestidas de hierro en su parte externa

La observación en la calle nos indica que:

1. Los automóviles o camiones de ruedas de goma no rompen los cordones de piedra, los pasan por arriba
2. Los golpes por mal estacionamiento (paralelos al cordón) o por choques o subidas (perpendiculares u oblicuos) producen la lenta inclinación de la piedra
3. La presión vertical, por ejemplo cuando un colectivo o camión se sube a la esquina para girar sólo produce hundimientos por presión vertical o inclinación del cordón
4. Si bien las roturas generalmente son en una misma dirección en cada vereda, puede haberlos en sentido con-

trario en la misma piedra, pero resulta difícil si no hay superposición conocer su secuencia en el tiempo

5. Hay calles que en una vereda las roturas tienen una dirección a la izquierda y otra a la derecha
6. Son pocos los golpes en las esquinas, pero cuando hay tienden a superponerse
7. Son más comunes las rotaras que se inician en la punta de la piedra
8. Cuando se producen movimientos entre las piedras que generaran compresión, la rotura se produce en ambas (aunque puede ser en sólo una de ellas) roturas cortas y profundas.

80. Rotura de lascado triangular, el golpe se produjo en la unión entre las dos piedras

Todo esto nos lleva a deducir una lógica de la rotura que implica descartar los automóviles con ruedas de goma. Por lo tanto lo razonable es suponer que fueron producto de los carros de caballo que se usaron hasta los inicios del siglo XX. Que estos golpes siguen la dirección de la calle, que en general era de doble sentido, es decir "de dos manos" al decir habitual, pero recordemos que hasta el 9 de Julio de 1941 en Buenos Aires se circulaba por la izquierda en la tradición inglesa, cuando cambió a la derecha.

81. Rotura que produjo dos lascados superpuestos que no llegaron a desprenderse

Las ruedas de los carros han sido siempre de madera, único material accesible, resistente, liviano, barato y funcional para hacerlas; las carretas más pesadas o de bueyes tendían a ser ruedas sólidas, pero el desarrollo de transportes ligeros y de caballos en el siglo XIX las hizo tener rayos de madera, resistentes por igual y de peso mínimo. El problema principal de la rueda de madera era la rotura de la parte externa, el aro, más en los primeros empedrados irregulares de la ciudad puestos desde el siglo XVIII. De allí la necesidad de recubrirlos de metal, lo que se difunde en la segunda mitad del siglo XIX. Sin entrar en la compleja técnica para hacerlo, se lograba gracias a la dilatación por calor que quedasen ajustadas a la madera y ni un golpe lograba separarlas después de un tiempo de uso en que se amoldaban el aro de madera interno al de metal externo. Prueba de ello son los miles de carros sencillos que aun existen y que se pueden observar en todo el país, saliendo de las ciudades y que en muchos casos tienen un siglo de uso e intemperie.

82. Roturas en sentido opuesto en el centro de la piedra y otras menores en la unión entre las piedras por movimiento entre ellas, nótese la diferencia en el tipo de rotura y su forma

Concluimos que los golpes con roturas de lascas triangulares son producto de golpes de ruedas revestida de hierro de carros de caballo y siguen la dirección del tránsito en su momento.

Las roturas en los extremos de la piedra se deben a los golpes paralelos al cordón, en que la rueda golpea los salientes por menores que sean; los producidos en el cuerpo de la piedra son de golpes oblicuos en cualquier parte de ellas.

83. Quiebre por golpe oblicuo en el cuerpo de la piedra

84. Desgaste por martillo y cortafierro para bajar la altura de la piedra

Bibliografía

Beck-Bernard, Lina
1991. *Cinco años en la Confederación Argentina, 1857-1862,* Talleres de la Imprenta Legislativa de Santa Fe, Santa Fe.

Bednarz, Melina
2008. Artefactos líticos en el Área Fundacional ¿alteración o interacción?, en: *El Área Fundacional de Puerto Deseado: estudios,* Ediciones Deloscuatrovientos, pp. 187-192, Buenos Aires.

Deagan, Kathleen
2002. *Artifacts of the spanish colonies of Florida and the Caribbean 1500-1800*, vol. II, Smithsonian Institution Press, Washington, 2002.

Demaría, Rafael M.
1978. *Historia de las armas de fuego en la Argentina*, Ediciones Cabargón, Buenos Aires.

Durst, Jeffrey J.
2009. Sourcing gunflints to their country of manufacture, *Historical Archaeology* vol. 43, no. 2, pp. 18-29.

Ensink, Oscar Luis
1991. *Propios y arbitrios del Cabildo de Buenos Aires 1580-1821*, Monografías Economía Quinto Centenario, Madrid.

Frick, Otto
1953. *Construcción en piedra y en ladrillo*, Ediciones Labor, Barcelona.

Furlong, Guillermo
1994. *Los Jesuitas y la cultura rioplatense*, Ediciones Biblos. Secretaria de Cultura de la Nación, Buenos Aires.

Goucher, Candice
1998. African-Caribbean metal technology: forging cultural survivals in the Atlantic World, en: *African Sites Archaeology in the Caribbean* (Jay B. Haviser, edit.), p. 143-156, M. Wiener Publ., Princeton.

Gómez Romero, Facundo
2010. El material lítico de los fortines pampeanos: estado actual de la discusión, *Signos en el tiempo y rastros en la tierra,* vol. IV, 143-155, Universidad Nacional de Luján.

González, Alberto Rex
1953. La boleadora: sus áreas de dispersión y tipos, *Revista del Museo de La Plata*, tomo IV, nueva serie, pp. 132-292, La Plata.

Hamilton, T. M. y Kenneth Emery
1988. *Eighteenth Century gunflints from Fort Michilimackinac and other colonial sites*; Archaeological Completion Reports Series, no. 13, Mackinac Island State Park Commission, Michigan.

López, Vicente Fidel
1983. *La gran aldea,* Editorial Abril, Buenos Aires.

Magadán, Marcelo
1986. Un caso de arqueología arquitectónica: la Aduana de Taylor, *Summa* no. 229, pp. 30-35, Buenos Aires.

Mércuri, Celina y Federico Colaca
2009. Propuesta metodológica para el abordaje tecnomorfológico de adoquines y sus deshechos en sitios urbanos de Buenos Aires, en: *El Área Pampeana*, pp. 75-89, Centro de Estudios en Ciencias Sociales y Naturales, Chivilcoy.

Nadal Mora, Vicente
1957. *La herrería tradicional de Buenos Aires*, Comisión Nacional de Museos, Monumentos y Lugares Históricos, Buenos Aires.

Peterson, Arnold
1956. *Arms and armors in colonial America 1526-1783*, Brahamll House, New York.

Proyecto Arqueológico Quilmes
Informe 1995-1996, Proyecto Arqueológico Quilmes, Centro de Arqueología Urbana y Municipalidad de Quilmes, informe mecanoescrito.

Schávelzon, Daniel
1991. Arqueología histórica de Buenos Aires, vol. 1: *La cultura material porteña de los siglos XVIII y XIX*, Editorial Corregidor, Buenos Aires.
1994. Descripción del material arqueológico excavado en el jardín del Museo Etnográfico, ponencia en el *XI Congreso Nacional de Arqueología Argentina*, San Rafael, 26 de mayo de 1994.
2000. *La casa más antigua de Buenos Aires: buscando el espacio de los niños (San Juan 338)*; ponencia presentada en el XIV Congreso Nacional de Arqueología Argentina, Rosario, en prensa.
2003. *Buenos Aires Negra, arqueología histórica de una ciudad silenciada*, Editorial Emecé, Buenos Aires.
2009. *Lítica histórica: la talla de la piedra en Buenos Aires (siglos XVI al XX),* en: XVI Congreso Nacional de Arqueología Argentina, vol. III, pp. 389-397, Río Cuarto.

Seró Mantero, Graciela
2000. *La casa de María Josefa Ezcurra, una de las viviendas más antiguas de Buenos Aires*, Gobierno de la Ciudad, Buenos Aires.

Wilde, José Antonio
1977. *Buenos Aires desde 70 años atrás*, Eudeba, Buenos Aires.

Williams, Merfyn
1998. *The slate industry, a history of the extraction, processing and transport of slate in Britain*, Shire Publications, Pembrokshire.

Whitthoft, John
1966. A history of gunflints, *Pennsylvania Archaeologist* vol. 36, nos. 1-2, pp. 12-49.

www.ingramcontent.com/pod-product-compliance
Ingram Content Group UK Ltd.
Pitfield, Milton Keynes, MK11 3LW, UK
UKHW041933190726
13854UKWH00004B/1570